AF440358

RECHERCHES

SUR LA

SÉPULTURE DE BAYARD

PAR

J.-J.-A. PILOT.

GRENOBLE

PRUDHOMME, LIBRAIRE-ÉDITEUR, RUE LAFAYETTE, 14.

—

1866

RECHERCHES

LA SÉPULTURE DE BAYARD

Les ossements transportés de l'église de l'ancien couvent des Minimes de la Plaine dans celle de Saint-André à Grenoble, en 1822, sont-ils bien les vrais ossements de Bayard ?

J'aborde nettement la question.

Dans une notice publiée en 1851 sur l'église de St-André de Grenoble où existe aujourd'hui le monument funéraire érigé en la mémoire de Bayard par Scipion de Polloud, j'ai cru devoir, non point sans raison à mon avis, émettre un doute sur l'authenticité des restes transportés dans cette ville en 1822 et regardés comme devant être ceux du chevalier Dauphinois. Mon doute ne repose pas, ainsi qu'on pourrait le croire, sur une opinion assez répandue à Grenoble qu'on a pris les restes d'un moine pour ceux de Bayard. M. l'abbé Bergeret, ancien curé de la paroisse de St-Martin-d'Hère où était le couvent des Minimes de la Plaine, vient d'insérer à ce sujet, dans le journal le *Courrier de l'Isère* et à propos d'une discussion soulevée par ce journal, une réponse, plus facétieuse que solide au fond, à cette opinion qu'il appelle ridicule, avec laquelle il semble confondre mon incertitude. Mon doute ne prend point sa source dans ce bruit public ; il repose uniquement sur le procès-verbal rédigé dans le temps pour constater l'authenticité même de ces restes transportés de l'église de la Plaine dans celle de Saint-André. Ce n'est point là une question d'archéologie, il s'agit simplement d'un fait historique, livré à l'appréciation de tout le monde.

Qu'on me permette de transcrire d'abord la partie de la lettre de M. Bergeret où il rend compte, à son point de vue, de la recherche et du transfert des restes du chevalier Bayard :

« C'était en 1822, j'étais curé de St-Martin-d'Hère, et en cette qualité, j'assistais, avec des instructions de mon évêque, à l'ouverture du caveau où l'on supposait que devaient se trouver les restes du chevalier Bayard. Ce n'est pas à moi à dire les soins minutieux qu'on prit alors pour éviter une méprise, et il suffit de nommer M. le baron d'Haussez, préfet de l'Isère à cette époque, pour affirmer que le zèle intelligent ne fit pas défaut. On voyait alors à la Plaine, près de Grenoble, un ancien couvent de religieux Minimes, fondé par Mgr Alleman, évêque-prince de Grenoble et oncle de Bayard. C'était dans le chœur de la chapelle de ce couvent, dit l'histoire, la place sûre où avait été déposé le corps du chevalier. Les recherches donc furent pratiquées dans le chœur de cette chapelle. On y découvrit deux caveaux : dans l'un, plus récent et plus vaste que l'autre, on trouva de nombreux ossements humains qui constataient avec la dernière évidence qu'on avait inhumé, en cet endroit, plusieurs personnes ensemble. On comprit que ce n'était pas là qu'on avait déposé ce qu'on recherchait. Dans l'autre caveau, on trouva les ossements d'un corps unique avec des morceaux d'un casque en fer et la poignée d'une épée. On remarqua que la grosseur des ossements répondait à la forte stature de Bayard, et que les restes d'armures retrouvés disaient assez, selon l'usage du temps, la qualité de celui qu'on avait renfermé dans cette tombe. Ces découvertes, jointes aux renseignements qu'on avait déjà recueillis, donnèrent à peu près la certitude qu'on avait retrouvé les restes de Bayard. Ces précieuses reliques d'un héros qui avait été un prodige de bravoure et de fidélité furent transportées dans l'église de St-André, où elles se trouvent encore aujourd'hui, avec une magnificence que je ne me charge pas de décrire (¹). » BERGERET,

Aumônier de la prison, ancien curé de St-Martin-d'Hère.

Je respecte l'opinion du signataire de cette lettre. Comme lui, j'ai vu, et toute la ville de Grenoble a pu voir aussi, lors de la cérémonie du 24 août 1822, placés sur un cercueil recouvert d'un drap noir, posé dans un corbillard traîné par des chevaux, et que portèrent ensuite à pas lents quatre sous-officiers lorsqu'on arriva à l'église, un vieux casque en fer et une épée, insignes militaires pour établir la qualité du guer-

---

(¹) *Courrier de l'Isère*, n° du 25 septembre 1866.

rier dont on voulait honorer la mémoire. Je ne crois pas qu'on ait cherché à donner à ces armes déposées sur le cercueil une autre signification.

Voici maintenant dans quels termes sont conçues les pièces officielles relatives à la recherche et au transfert des restes de Bayard, en 1822 :

Procès-verbal de la recherche des restes de Bayard, extrait des Archives de l'Isère.

Du 4 juillet 1822.

La commission nommée pour l'érection du monument à élever à la mémoire du chevalier Bayard s'est transportée à l'ancienne chapelle du prieuré de l'abbaye de la Plaine, fondée par Laurent Alleman, évêque de Grenoble, oncle de Bayard, lieu indiqué par tous les auteurs qui ont écrit sur ce guerrier comme renfermant ses restes.

M. le lieutenant général baron Gudin, commandant la 7e division militaire; M. le procureur général près la Cour royale de Grenoble ; M. le maire de la commune de St-Martin-d'Hère, sur le territoire de laquelle est située l'ancienne abbaye de la Plaine,[1], et M. Michel Duflear, propriétaire actuel de l'ancien prieuré, se sont réunis à M. le baron d'Haussez, maître des requêtes au conseil d'Etat, préfet du département de l'Isère, président de la commission; M. le maire de Grenoble, remplacé, attendu son absence, par M. Bernou de Saint-Maurice, adjoint, et M. Humbert Dubouchage, membre du conseil général du département.

Il a été donné lecture aux membres de la commission et aux autres fonctionnaires ci-dessus désignés, des passages des diverses histoires du chevalier Bayard, relatifs au lieu où il a été inhumé par la Colombière, le prieur de Longval, Godefroy, Expilly, le *loyal serviteur*, et notamment de la description qu'en fait l'historien Berville, ainsi conçue : « Quand il fut arrivé en Dauphiné, les larmes et les gémisse-
» ments que l'on avait donnés à la nouvelle de sa mort, recommen-
» cèrent et furent universels. Il serait impossible d'exprimer les re-
» grets de toute cette province. Les prélats, le clergé, la robe et la no-
» blesse, les riches et les pauvres, tous semblaient avoir perdu ce
» qu'ils avaient de plus cher, et peut-être n'y avait-il jamais eu avant
» lui un deuil aussi général. La Cour de parlement, la Chambre des
» comptes avec la noblesse et la bourgeoisie de Grenoble, allèrent
» au-devant du convoi jusqu'à demi-lieue de la ville, et le conduisi-
» rent en l'église cathédrale , où le lendemain ils assistèrent au ser-

---

[1] Le monastère de la Plaine n'a jamais été une abbaye ; c'était un simple couvent de religieux Minimes dont le chef de la communauté portait le titre de Supérieur.

» vice qui fut fait pour lui, *non ducali modo, sed regio apparatu,*
» avec l'appareil dû aux princes ; lequel fini, le corps fut transporté,
» non à Grenion (¹), comme il l'avait ordonné, mais à demi-lieue de la
» ville en un couvent de Minimes, fondé par son oncle Laurent Alle-
» man, évêque de Grenoble, et il fut accompagné du même cortége
» qui avait honoré son arrivée. Là il repose sous une grande pierre
» au pied des marches du sanctuaire ; et à main droite, au-dessus
» d'une porte d'entrée du monastère, on voit son buste en marbre
» blanc, ayant le collier de l'ordre ; et sur un autre marbre blanc au-
» dessous, on lit une épitaphe latine que le lecteur trouvera à la fin
» de cet ouvrage. »

D'après ces indications, M. Malet, architecte voyer de la ville de
Grenoble, chargé de la direction des constructions exigées pour l'érection du monument, a fait effectuer les fouilles. On a rencontré à l'endroit désigné le caveau qui a servi à recevoir les restes du chevalier
Bayard. Après s'être assuré par des fouilles générales que le sol n'a-
vait éprouvé aucun changement depuis l'époque de l'aliénation et que
les autres parties de l'église ne renfermaient aucun corps, on a levé
la pierre qui couvrait le caveau, on a trouvé un cercueil en chêne
renfermant les ossements d'un corps humain ; le bois de ce cercueil,
intact en apparence, s'est en partie pulvérisé quand on l'a sorti à l'air ;
il n'en est resté que des fragments qui seront déposés avec les ossements qui, d'après les autorités et les traditions citées, ont été reconnus être incontestablement les restes du chevalier Bayard.

La commission a décidé que ces ossements ainsi que les fragments
du cercueil seront transportés et déposés dans l'église de St-André,
où avait été antérieurement transféré le monument qui existait sur
le tombeau de Bayard (²).

Fait les jour, mois et an que dessus, à l'ancienne abbaye de la
Plaine, près Grenoble.

Bᵒⁿ d'HAUSSEZ. — Bᵒⁿ GUDIN, lieut. gén. — DE SAINT-MAURICE, adj.
— Le proc. gén. ACHARD. — MICHEL. — DELILE, mᵉ (³).

Ce jourd'hui vingt-quatre août mil huit cent vingt-deux, nous
soussignés baron Gudin, lieutenant général des armées du roi, commandant la 7ᵉ division militaire ; Anglès, premier président à la Cour
royale de Grenoble ; Achard de Germane, procureur général à la même
Cour ; de Saint-Maurice, adjoint à la mairie, faisant les fonctions de
maire, sur la réquisition de M. le maître des requêtes au conseil

---

(¹) Grignon, hameau de la commune de Pontcharra (Isère).

(²) Ceci n'est point exact. Le monument érigé par du Polloud en la
mémoire de Bayard n'a jamais été posé sur le tombeau du chevalier ;
il était placé dans le chœur de l'église, contre le mur, au-dessus de
la porte de la sacristie.

(³) Ce procès-verbal a été publié dans le *Journal de Grenoble*, le
samedi 13 juillet 1822 ; voir aussi le même journal, 24 et 27 août 1822.

d'Etat baron d'Haussez, gentilhomme de la chambre du roi, préfet du département de l'Isère, nous sommes transportés à l'ancien couvent des Minimes de la Plaine où avaient été inhumés les restes du chevalier Bayard.

Ces restes nous ont été représentés et ont été reconnus être les mêmes que ceux dont l'extraction avait été constatée par un procès-verbal en date du 4 juillet 1822, signé par nous, et ils ont été renfermés en notre présence dans un cercueil en bois de noyer, lequel doit être déposé dans un caveau préparé dans une des chapelles de l'église . St-André, au-dessous de l'épitaphe du chevalier sans peur et sans reproche.

Fait à Grenoble, les jour, mois et an que dessus.

> ANGLÈS, 1ᵉʳ prés. — Bᵒⁿ GUDIN, lieut. gén. — Bᵒⁿ D'HAUSSEZ. — DE SAINT-MAURICE, adj. — ACHARD.

Du vingt-quatre août mil huit cent vingt-deux, à six heures du soir,

Nous soussignés Claude-Simon, évêque de Grenoble ; baron Gudin, lieutenant général des armées du roi, commandant la 7ᵉ division militaire ; Anglès, premier président à la Cour royale ; Achard de Germane, procureur général près la même Cour ; baron d'Haussez, gentilhomme de la chambre du roi, maître des requêtes au conseil d'Etat, préfet du département de l'Isère ; de Saint-Maurice, adjoint à la mairie de Grenoble, faisant les fonctions de maire.

Après que les honneurs religieux, civils et militaires ont été rendus aux restes du chevalier Bayard, renfermés, ainsi qu'il est constaté au procès-verbal de ce matin, dans un cercueil en bois noyer, avons fait déposer le cercueil dans l'église succursale de St-André ; ce cercueil a été placé, en notre présence, à gauche du chœur, au pied du buste et de l'épitaphe du héros, au-devant d'une petite chapelle appelée Chapelle des morts.

De tout quoi nous avons dressé le présent procès-verbal pour être joint aux doubles des procès-verbaux des 4 juillet et 24 août au matin, constatant la découverte et la reconnaissance des restes du chevalier.

Fait à Grenoble, les jour, mois et an que dessus.

> † CLAUDE, év. de Grenoble. — Bᵒⁿ GUDIN, lieut. gén. — ANGLÈS, 1ᵉʳ pr. — Bᵒⁿ D'HAUSSEZ. — DE SAINT-MAURICE, adj. — ACHARD.

On voit, par la teneur des trois procès-verbaux ci-dessus, que les ossements apportés à Grenoble le 24 août 1822, et déposés, ce jour, en un tombeau préparé dans l'église de St-André , sont les mêmes que ceux que l'on avait extraits , le 4 juillet précédent , d'un caveau du chœur de l'église des Minimes de la Plaine , et que la commission chargée de la recherche des restes de Bayard avait reconnu être incontestablement ceux du preux chevalier. Le premier de ces procès-verbaux surtout relate que dans le chœur de cette église on ouvrit un caveau recouvert par une grande pierre, et que dans ce caveau on trouva un cercueil en chêne contenant les ossements d'un corps humain. Il ajoute en même temps que le bois du cercueil, intact en apparence, se pulvérisa quand on le sortit à l'air, et qu'il n'en resta que des fragments que la commission fit renfermer avec les ossements dans un nouveau cercueil en bois de noyer. Il est dès lors à croire qu'en cela ont dû consister les seuls objets trouvés ; car il est évident que s'il y en avait eu d'autres, tels que des morceaux d'un casque en fer et la poignée d'une épée, la commission, que devaient guider un zèle intelligent et des soins minutieux et pour éviter toute méprise, n'aurait certainement pas manqué de les mentionner dans son procès-verbal, comme la preuve la plus sûre de l'authenticité des restes de Bayard, et d'arrêter que ces morceaux de casque et cette poignée d'épée seraient transférés comme objets précieux dans un lieu public, ou tout au moins déposés avec les ossements et les fragments du vieux bois dans le nouveau cercueil ; mais il n'en est point ainsi : le silence absolu de la commission à cet égard atteste suffisamment que ces objets n'ont pas été trouvés (¹). Il reste donc avéré, par le procès-verbal en question, que le cercueil d'où l'on a tiré les ossements apportés à Grenoble, le 24 août 1822, ne contenait que ces ossements et rien autre.

Que doit-on maintenant conclure, si ce n'est qu'il est fort douteux que ces restes soient ceux de Bayard? J'irai même plus loin. Aurait-on trouvé, dans le cercueil d'où l'on a tiré les ossements apportés à Grenoble en 1822, des fragments d'un casque en fer et une poignée d'épée, que la question ne serait point encore tranchée, parce que l'on a cherché Bayard dans une partie de l'église où il n'a point été enterré.

Pierre Terrail, seigneur de Bayard, mort dans le Milanais des suites d'une blessure qu'il avait reçue au combat de Rebecq (1524), a été transporté à Grenoble où lui furent célébrées des obsèques magnifiques. Il avait par ses dispositions de dernière volonté exprimé le désir d'être enterré à Grignon,

---

(¹) Il n'est point question non plus de cette trouvaille de morceaux de casque et de poignée d'épée, dans le compte-rendu fait par le *Journal de Grenoble*, soit de la recherche des restes de Bayard, soit de leur translation dans l'église de Saint-André (V. ce journal, 13 juillet, 24 et 27 août 1822).

son pays natal , dans le tombeau de son père et de sa mère.
C'est dans ce but que ses restes avaient été envoyés à Grenoble;
néanmoins, dès qu'ils y furent arrivés , on demanda que son
corps y fût laissé, parce que Bayard appartenait avant tout à
cette ville, y ayant exercé le commandement du Dauphiné, en
qualité de lieutenant général au gouvernement de cette con-
trée. Les parents y consentirent et, afin de remplacer en quel-
que sorte le tombeau paternel par un tombeau de famille, il fut
décidé que ses restes seraient inhumés dans l'église du couvent
des Minimes de la Plaine, fondé par Laurent Alleman, oncle
maternel de Bayard, et où déjà reposaient les cendres de ce
prélat; ce qu'agréa volontiers Laurent II Alleman, neveu de
ce dernier, évêque alors de Grenoble et cousin lui-même de
l'illustre défunt.

Aucune difficulté n'existe sur ce point. Bayard a été inhumé
dans l'église du couvent des Minimes de la Plaine; mais dans
quelle partie de cette église ses restes furent-ils déposés? Ici
les opinions ne s'accordent pas, d'autant plus que le lieu
où l'on enterra Bayard ne fut marqué par aucune inscription
ni par aucun monument qui pût en constater la trace et en
perpétuer le souvenir.

Le loyal Serviteur, ce biographe le plus ancien de Bayard, et
Symphorien Champier qui écrivait trente-un ans après (la première édition connue du loyal Serviteur est de 1527, et celle
de Symphorien Champier de 1558), se bornent tous les deux à
signaler l'église du couvent des Minimes de la Plaine comme
étant le lieu de la sépulture du preux chevalier (¹). De leur
temps , le souvenir en était encore vivant, et sans doute qu'il
semblait alors inutile de préciser ce lieu d'une manière plus
particulière. Peut-être était-ce pour ce motif aussi que l'on
n'avait pas cru nécessaire de placer sur la tombe du bon chevalier un monument, une inscription, ou simplement son nom.

Ce ne fut que plus d'un siècle après la mort de Bayard,
époque où ses contemporains n'existaient plus, que Scipion de
Polloud, grand prévôt du Dauphiné, seigneur de St-Agnin,
sans être ni parent ni allié du défunt, fit ériger en sa mémoire

---

(¹) *La très-joyeuse, plaisante et récréative Histoire des faits, gestes,
triomphes et prouesses du bon chevalier sans peur et sans reproche,
le gentil seigneur de Bayart*, par le loyal Serviteur. Paris, 1527,
in-4°.

*La Vie et les Gestes du preux chevalier Bayart, contenant plusieurs
victoires par lui faites du règne des rois de France Charles VIII,
Louis XII et François Iᵉʳ, tant en Italie, Naples et Picardie, qu'autres
pays et régions*, par Symphorien Champier. Lyon, 1558, petit in-4°.

un marbre qu'il plaça dans le chœur de l'église des Minimes, comme l'endroit le plus apparent, au-dessus de la porte de la sacristie, à gauche de l'autel, du côté de l'épître. Ce marbre, le même qui a subsisté dans cette église jusqu'en l'an VII (1799), qui depuis a été transféré au musée de Grenoble, et de là transporté dans l'église de Saint-André de cette ville, où il est toujours, n'était point érigé encore en 1629, ainsi qu'on doit l'induire d'une épigramme due à Charles de Fay d'Espesses, introducteur des ambassadeurs à la cour de Louis XIII, et qui, cette année, avait suivi ce prince en Dauphiné. Par cette épigramme adressée à M. de Boissieu, son ami, d'Espesses manifestait son étonnement de voir que le tombeau de Bayard fût sans épitaphe ni ornement. A cette occasion, Scipion Guillet, conseiller du roi, correcteur en la chambre des comptes de Grenoble, répondit à Charles de Fay par un poëme latin en l'honneur du chevalier, que nous a conservé Videl dans son histoire de Bayard (¹).

Le monument de Scipion de Polloud, en la mémoire de Bayard, était construit et posé en 1650, puisqu'il est mentionné et décrit dans l'édition de la vie de ce guerrier que publia cette année Louis Videl (²) ; c'est dès lors dans l'intervalle de 1629 à 1650 que ce monument funéraire a été érigé.

D'après mes recherches, le premier qui aurait désigné le chœur de l'église pour être le lieu de la tombe de Bayard serait Expilly, qui, dans des vers sur la sépulture de ce guerrier, faits en 1622, s'exprime ainsi :

> Au pied de cet autel, la cendre ensevelie
> Du valeureux Bayard gît sans titre et sans nom ;
> Nul marbre relevé, digne de son renom,
> Aux passants curieux ses gestes ne publie (³).

(¹) Sciomantia Scipionis Guilleti, consiliarii regis et in supremâ ærarii et rationum fisci delphinalis præfecturâ comitis et correctoris primarii, de Petri Terrallii, equitis Bayardi, tumulo, ad V. C. Carolum Faium Spessæum in sanctiore regis christianissimi consistorio comitem et sacræ regiæ majestatis apud Batavos legatum.

(²) *Ibid.*

(³) Voici cette pièce de vers tout entière, intitulée : *Sur la sépulture du chevalier Bayard :*

> Au pied de cet autel, la cendre ensevelie
> Du valeureux Bayard gît sans titre et sans nom ;
> Nul marbre relevé, digne de son renom,
> Aux passants curieux ses gestes ne publie.

> O sort ! qui les loyers aux vertus ne mesures,
> Pompée aux bords marins sans sépulcre tu vois ;

Cette simple citation, hasardée peut-être dans une inspiration poétique et pour la cadence du vers, et la pose d'un monument près de l'autel, dans le chœur de l'église des Minimes, ont dû, peu à peu, faire croire que là, au pied de cet autel, reposaient effectivement les restes de Bayard. Videl, Aimar, le prieur de Lonval (Boquillot), Guyard de Berville, et d'autres qu'on pourrait citer, répètent le même fait, en invoquant la même autorité, Expilly.

Je ne crains pas de consigner ici les passages de ces divers auteurs au sujet du lieu de l'inhumation de Bayard :

« Les obsèques furent magnifiques ; son corps fut enterré au-devant du grand-autel des Minimes de la Plaine, à un quart de lieue de Grenoble, où néanmoins ne luy fut donné ny tombeau, ny monument, ny marque aucune qui pût faire connoitre que là gît un si précieux dépôt (¹). »

« Le marquis de Pesquaire fit embaumer son corps et nomma six gentilshommes pour le porter en cérémonie dans une église qui était la plus près du camp..... On le porta, dans un lugubre et pompeux appareil, dans la cathédrale où, pendant deux jours qu'il fut exposé aux yeux du peuple, on lui fit des services qui marquoient la vénération qu'on avoit pour son grand mérite ; ensuite, dans le même ordre et avec la même pompe funèbre, on l'alla inhumer dans l'église des Minimes de la Plaine, que Laurent Alleman, son oncle, avoit fondée, en même temps qu'il fonda les Minimes de Toulouse, et en laquelle ce prélat avoit été enseveli: On le mit devant le grand-autel, en un tombeau où l'on voit encore son nom gravé

Et le vieillard Priam, tige de tant de Rois,
Sans tombe et sans honneur gît parmi des masures.

Bayard qui fit trembler l'Espagne et l'Italie,
Qui de son Dauphiné fut le lustre et l'orgueil,
N'obtiendra donc jamais l'ornement d'un cercueil,
Donc ainsi passera sa mémoire abolie !

Ha ! non, Bayard icy tout entier ne s'arreste ;
Ce lieu seul ne comprend Bayard et ses lauriers,
Il se trouve partout : car des vaillants guerriers
L'univers est la tombe et le ciel la retraite.

(¹) *Histoire du chevalier Bayard et de plusieurs choses mémorables advenues sous le règne de Charles VIII, Louis XII et François Iᵉʳ, avec un Supplément*, par Mʳᵉ Claude Expilly, président au parlement de Dauphiné, et les Annotations de Théodore de Godefroy ; augmentée par Louis Videl. Nouvelle édition. Grenoble, chez Jean Nicolas, marchand libraire, en la rue du Palais, à la Palme. M. DCL. Imprimerie de P. Frémon, imprimeur du Roy. In-8°, p. 478.

sur une grande pierre qui le couvre, sans aucune marque de
distinction (¹). »

« Pescaire ne se contenta pas d'assister le chevalier Bayard
en mourant; il fit embaumer son corps, le fit porter à l'église
par des gentilshommes et lui fit faire un convoi magnifique; il
le remit ensuite entre les mains des gentilshommes et autres
domestiques du défunt pour être apporté en France........
On l'emmena d'église en église, en grand honneur, jusqu'à
une demi-lieue de Grenoble. Là, les cours supérieures du parlement et de la chambre des comptes vinrent au-devant, sui-
vies de la noblesse du pays et de la bourgeoisie de Grenoble, et
l'accompagnèrent jusque dans l'église de Notre-Dame de cette
ville, où, après un service solennel, on le laissa en dépôt jusqu'au lendemain. De là, le corps fut transporté hors de la
ville, avec la même pompe et la même solennité, dans l'église
des Minimes, dont Laurent Alleman, son oncle, était fonda-
teur. Ce fut là où il fut enterré, selon les cérémonies de l'église
catholique qu'il avoit aimée et honorée toute sa vie, malgré les
déréglements de ceux qui la gouvernoient alors et les scandales
dont ils la remplirent. Il fut placé au-devant du grand-autel
de cette église, sous une tombe platte, sans aucune inscription, sépulture plus convenable à la modestie de Bayard qu'un
tombeau superbe. » (En marge se lit l'annotation : *Expilly*.
*Ne lvy fut dressé ni tombeau ni ornement ni marque au-
cune* (²).)

Enchérissant sur ceux qui l'ont précédé, Guyard de Berville ajoute, à leur dire, divers détails rapportés plus haut
dans le procès-verbal du 4 juillet 1822 et qui ont contribué
à déterminer les fouilles qu'a fait opérer, dans le chœur de
l'église des Minimes de la Plaine, la commission chargée de la
recherche des restes de Bayard.

Quelques contradictions ressortent d'abord de ces passages
cités ci-dessus et qui paraissent de prime abord se concilier
entre eux. Le Prieur de Lonval, Aimar et Guyard de Berville
parlent de l'embaumement du corps de Bayard, tandis que le
loyal Serviteur et Champier gardent le silence à ce sujet. S'il
est vrai qu'on ait embaumé le corps (l'éloignement des lieux
distants d'environ 370 kil. par des chemins d'un accès difficile

---

(¹) *Histoire du chevalier Baïard*, par M. Aimar, juge royal de Pierre-
latte. Seconde édition, revue et corrigée. Lyon, M. DCC. In-12.

(²) *Nouvelle Histoire du chevalier Bayard, lieutenant général pour
le Roy au gouvernement du Dauphiné, etc.*, par le prieur de Lonval.
Paris, M. DCC. II ; in-12, p. 336-337.

et au travers des Alpes, et lorsque le convoi funèbre s'arrêtait
pour ainsi dire à chaque église), cette précaution doit avoir dû
nécessiter un cercueil en plomb ou une toute autre mesure
d'assainissement de ce genre, n'aurait-ce été qu'une double
caisse. Cependant l'idée de cette exigence ne s'est pas même
présentée aux membres de la commission chargée de la recherche des restes de Bayard. Le procès-verbal de cette commission,
muet sur ce fait, se borne à constater qu'il n'a été trouvé dans la
tombe, reconnue pour être celle du preux Chevalier, qu'un
simple cercueil en chêne, renfermant uniquement des ossements humains.

Aimar, biographe de Bayard et qui était Dauphinois, assure
que le guerrier, enseveli au pied du grand autel, dans l'église
des Minimes de la Plaine, a été déposé dans un tombeau recouvert d'une grande pierre sur laquelle on grava le mot Bayard
qu'on voyait, dit-il, de son temps. Une telle assertion est éton-
nante. Bayard, d'après le récit du loyal Serviteur, de Champier et d'Expilly, a été enterré sous une pierre sans aucun ornement et sans même qu'on y traçât son nom. Et voilà qu'un
biographe affirme qu'il a lu sur cette pierre le nom de Bayard;
et à quelle époque? La seconde édition de son livre est de 1702,
et alors le seul monument qui rappelât son nom était celui de
Scipion de Polloud, érigé dans l'intervalle de 1629 à 1650.
Aimar a confondu ce monument placé au-dessus de la porte
de la sacristie avec la tombe où gisait Bayard. Il faut avouer
que de tels biographes sont bien peu dignes de foi, et que, loin
de s'en rapporter d'une manière aveugle à leurs attestations,
la commission de 1822 aurait dû s'entourer de documents et
de renseignements plus certains; mais l'administration qui
avait songé à une translation des restes du guerrier dauphinois
n'avait d'autre mobile que celui de donner à la fête du 25
août, fête du Roi, plus d'animation et d'enthousiasme : que lui
importait dès lors d'examiner la chose plus à fond?

Je reviens aux cendres de Bayard. J'ai opposé à la lettre de
M. Bergeret du 25 septembre 1866 le procès-verbal de la
commission chargée de la recherche des restes du bon Chevalier en 1822, d'où il résulte que l'on n'a trouvé que des ossements humains, et rien autre, dans le cercueil regardé comme
celui du guerrier dont on voulait honorer la mémoire; il serait
curieux que j'opposasse aussi aux biographes de Bayard, qui
affirment qu'il fut enterré dans le chœur de l'église des Minimes de la plaine, le procès-verbal de son inhumation. Je ne
crois pas qu'une telle pièce existe ni même qu'elle ait jamais
été dressée, mais, au défaut de cette pièce, voici des documents
qui l'équivalent :

Laurent Ier Alleman, évêque de Grenoble, fonda en 1494 le couvent des Minimes de la Plaine, la première maison de cet ordre établie en France. Ayant voulu pour cette raison être enterré au milieu de ces religieux, il fut, à sa mort arrivée en 1518, enseveli dans une chapelle particulière de leur église. Là, dans la chapelle de son oncle, a été déposé Bayard. Il était naturel que, puisqu'il n'était point transporté à Grignon, dans le tombeau de son père et de sa mère, ainsi qu'il en avait exprimé le désir, il fût placé dans un autre tombeau de famille. Cette chapelle, appelée des Alleman, du nom de l'évêque Laurent Ier Alleman et de celui de Laurent II Alleman son neveu et son successeur à l'évêché de Grenoble, passa, par succession, des Alleman aux Bourchenu et de ces derniers à la famille Moret, qui, ensuite d'une clause testamentaire à laquelle elle fut astreinte, prit le nom et les armes des Bourchenu.

Ces faits de l'inhumation de Bayard dans la chapelle des Alleman et de la transmission successive de cette chapelle aux Bourchenu et aux Moret de Bourchenu, sont constatés par l'ensemble des renseignements et documents qui suivent ; par les testaments de plusieurs membres des familles de Bourchenu et Moret de Bourchenu , entre autres de Claude de Bourchenu, seigneur de Noyarey et de la Bâtie de Champrond, du 5 septembre 1616, et du président Moret de Bourchenu, marquis de Valbonnais, plus connu par son histoire de Dauphiné que par l'exercice des hautes fonctions judiciaires qu'il a remplies, du 22 août 1728, et par les citations des auteurs qui ont écrit sur la vie et les ouvrages de ce président, tels que le père Niceron (¹), Chalvet (²), Jules Ollivier (³) et autres, qui, en parlant de ce magistrat et de cet auteur, rapportent qu'il fut inhumé dans l'église des Minimes de la Plaine, dans la chapelle des Alleman, où réposait Bayard.

Nicolas de Bourchenu et Claude son fils ont été enterrés les premiers dans le tombeau même de Bayard. Claude de Bourchenu est mort dans un âge avancé, en 1618 ; il se qualifie,

---

(¹) *Mémoires pour servir à l'histoire des hommes illustres de la république des lettres* , t, XIX. Paris, 1732, p. 29.

(²) *Bibliothèque du Dauphiné*, par Guy Allard , nouvelle édition revue et augmentée. Grenoble, M. DCC. XCVII. In-8° (édition de P.-V. Chalvet, professeur d'histoire à l'école Centrale du département de l'Isère), vᵒ *Valbonnais*, p. 318.

(³) *Correspondance littéraire de Valbonnais*, etc., par M. Ollivier Jules ; Valence, M. DCCC. XXXIX, in-8°, p. XLI.

dans son testament, de neveu de Bayard, et il ordonne, par ses dispositions de dernière volonté, diverses mesures et prescriptions relatives au tombeau et aux ossements du bon chevalier, comme on peut le voir par l'extrait de ce testament que je donne ici.

« Je noble Gaspard de Bourchenu , seigneur du lieu de Noyarey, la Bastie-Champrond, conseigneur de la ville de Grenoble et autres places, ci-présent, détenu de maladie corporelle dans mon lict dans ma maison de Domène , sain de mes sens, mémoire et entendement, Dieu grâces, considérant la fragilité humaine et qu'il n'y a rien de sy certain que la mort, ny rien de sy incertain que l'heure d'icelle, ay faict mon testament de dernière volonté, comme s'ensuyt : premièrement j'ay invoqué le sainct nom de Dieu, disant : au nom du Père et du Fils et du Sainct-Esprit, le suppliant par sa saincte miséricorde et par l'intercession de Jésus-Christ son cher fils, nostre Seigneur et Rédempteur, et par les mérites de sa très-saincte Mère et passion et par les mérites et intercession de la glorieuse Vierge Marie sa très-saincte Mère et de tous les saincts et sainctes du paradis, de vouloir recepvoir mon âme dans son sainct paradis lorsqu'il luy aura pleu la séparer de mon corps. Je veux et ordonne que mondict corps soit porté et ensevely au cimetière (¹) des Révérends Pères Minimes de la plaine, à la tombe de feu seigneur de Bourchenu mon père (²) et du feu chevalier de Bayard, mon oncle (³), à la charge que les ossements de feu les dames de Bourchenu ma mère (⁴) et femme (⁵), d'une mienne fille et fils donné et de feu mon oncle, lesquels réposent à présent dans l'église dudict couvent, seront portés dans ladicte

---

(¹) Ce mot *cimetière* doit être pris dans son ancienne acception ; tout au moins dans le sens que lui donnaient les ordres monastiques. On disait, tel couvent a un cimetière, c'est-à-dire qu'il jouit du droit de sépulture. Etre enseveli au cimetière des Minimes signifie simplement être enseveli chez les Minimes.

(²) Nicolas de Bourchenu.

(³) Cette parenté entre Bayard et Gaspard de Bourchenu existait par les Alleman, alliés aux deux familles ; ils étaient l'un et l'autre simplement cousins à un degré plus ou moins éloigné. Gaspard de Bourchenu, fier de se faire croire le neveu du brave chevalier, n'appelle sans doute ici Bayard son oncle, ou plutôt son grand'oncle, que d'après un usage conservé encore dans quelques lieux, et suivant lequel un cousin issu de germain nomme oncle ou tante le cousin germain ou la cousine germaine, soit de son père, soit de sa mère.

(⁴) Clauda de Revel, femme de Nicolas de Bourchenu.

(⁵) Il s'agit de la première femme du testateur, marié en secondes noces avec Hélène de Poisieu, qu'il institua son héritière.

église desdicts pères Minimes et mis dans ladicte tombe ; que lesdicts ossements seront tous mis dans un cercueil qui sera couvert, comme celui de mon corps, de velours noir avec une croix de satin blanc; qu'il sera faict une chapelle ardente et spacieuse où lesdits deux cercueils puissent reposer et qu'il soit mis une grande pierre sur ladicte tombe sur laquelle sera escript : *cy gisent les chevaliers de Bayard et de Bour-chenu*; sur laquelle seront aussi mises et gravées du costé droict les armoiries de la maison de Bayard (¹) et de celle d'U-riage (²) toutes entières dans un escusson, et du costé gauche celles de ma maison de Bourchenu (³) et celles de ladicte maison d'Uriage, aussi entières dans un escusson ; et dans un autre escusson, plus bas, les miennes seules timbrées ; veux que mesdictes armoiries soient mises sur ladicte couverte de velours de mondict cercueil et sur l'autel, et qu'il soit faict une ceinture dans le chœur de ladite église des Minimes, en laquelle mesdictes armes seront aussy mises en une vitre qui est au-dessus de la tribune de ladicte église, suppliant lesdits Révérends Pères de le permettre. Je veux que trente pauvres accompagnent mondict corps, lesquels seront prins et choisis de Noyarey ou de la Bastie, au chascun desquels sera donné quatre aulnes de drap commun, un chappeau et une paire de souliers ; un chascun desquels portera à la main un flambeau ardent de deux livres la pièce; à vingt desquels mesdictes armoiries seront mises toutes entières avec le timbre et aux dix autres seront mises avec celui de Madame de Bourchenu, ma très-chère femme, toutes entières dans un mesme escusson; et prieront lesdicts pauvres pour le salut de mon âme. Je veux et ordonne que, le jour de mon enterrement, soient célébrées deux grandes messes dans ladicte église desdicts Révérends Pères Minimes, et après une autre grande messe tous les mois de l'année de mon décès, au mesme jour de mon décès, et une petite messe basse tous les jours de ladite année. Veux qu'il soit faict des ornements complets de velours noir, avec la croix de satin blanc pour la célébration desdictes grandes messes, savoir : trois chappes, deux dalmatiques et une cha-

---

(¹) D'azur au chef d'argent, chargé d'un lion naissant de gueules; le tout traversé d'un filet d'or en bande.

(²) C'est-à-dire de la maison des Alleman d'Uriage, de laquelle était Hélène Alleman, mère de Bayard ; les armoiries de cette famille étaient : de gueules semé de fleurs de lis d'or à la bande d'argent.

(³) Les armoiries des Bourchenu étaient : d'argent à la bande cannelée de gueules, chargée de trois chiens couronnés d'argent.

suble, auxquelles seront mises mes armoiries timbrées aux
endroits accoutumés, comme aussy un parement dudit autel ;
tous lesquels ornements je donne et lègue aux Pères Minimes
pour s'en servir à la célébration du divin service, les suppliant
de se ressouvenir de prier Dieu pour mon âme en leurs bonnes
et sainctes prières (¹). »

Le testateur donne ensuite une somme d'argent aux mêmes
religieux, fait différents legs et institue pour son héritière uni-
verselle Hélène de Poysieu, sa très-chère femme, à qui
(n'ayant point d'enfant) il laisse toute liberté de choisir pour
son propre héritier celui de ses petits-neveux *que bon lui
semblera et qui l'aura le plus obligée*, sous la condition que
ce dernier portera le nom et les armes de Bourchenu.

Si j'entre bien dans le sens des termes du testament que
l'on vient de lire, Gaspard de Bourchenu voulut être enterré
dans la tombe où étaient déjà son père et Bayard, et dans la
crainte sans doute que cette tombe ne fût pas suffisante pour
contenir, outre ces deux corps, ceux de sa mère, de sa première femme, de sa fille, d'un fils donné et d'un oncle ense-
velis sur d'autres points de l'église et son propre cercueil, lesquels corps et cercueil il voulait réunir, il prescrivit de renfermer dans un seul cercueil, semblable au sien, les ossements
de ceux qu'il nommait et de Bayard, les confondant tous,
comme étant ces ossements ceux des membres d'une seule
famille. Il ordonna ensuite de déposer les deux cercueils dans
la tombe et d'inscrire sur la pierre qui la recouvrait ces mots :
cy gisent les chevaliers de Bayard et de Bourchenu, en y
faisant graver, d'un côté, les armes pleines de Bayard et des
Alleman, et de l'autre, celles de Bourchenu et des Alleman
aussi ; de sorte qu'il résulte de ce même testament que si la
volonté expresse du testateur a été remplie, ce qui est probable, les ossements de Bayard ont dû être mêlés et confondus
avec ceux de Nicolas de Bourchenu et d'autres membres de sa
famille. Si, au contraire, l'intention du testateur, quant à ce
mélange d'ossements dans un seul cercueil, n'a point été exé-
cutée pour une cause quelconque, il reste au moins prouvé

(¹) Archives du château d'Uriage. Une copie de ce testament est au
pouvoir de M. de Revel-Duperron, sous-préfet de Dieppe. Une branche
de la famille de Revel, celle de Chasselay, tenait aux Bourchenu et aux
Alleman par le mariage de Clauda de Revel avec Nicolas de Bourchenu, et de Laurent de Revel avec Isabeau de Sassenage, fille de
Jacques de Sassenage, seigneur de la Bâtie-Champrond, et de Mar-
guerite Alleman.

par le document ci-dessus que, déjà en 1618, dans la tombe de Bayard étaient avec lui déposés deux autres corps, ceux de Nicolas de Bourchenu et de Gaspard deBourchenu son fils.

Dans cette même tombe a été déposé également, plus d'un siècle après, en 1730, Jean-Pierre Moret de Bourchenu, marquis de Valbonnais, premier président de la chambre des comptes du Dauphiné, ensuite de sa volonté exprimée dans son testament d'être enseveli dans la chapelle des Allemans, devenue sa propriété. « Il mourut, dit Niceron (qui a écrit suivant les documents que lui communiqua la famille du défunt), le 2 mars 1730, à l'âge de 79 ans, et fut enterré dans une chapelle de l'église des Minimes, à un quart de lieue de Grenoble, comme il l'avait ordonné. Cette chapelle, où avait été enterré autrefois le fameux chevalier Bayard, avait passé, par droit de succession, de la famille du Terrail dont était Bayard, à celle des Alleman et ensuite à celle de Bourchenu (1). »

La conclusion à déduire de tout ce qui précède est celle-ci : Le corps de Bayard a été enterré dans une chapelle particulière de l'église du couvent des Minimes de la Plaine ; dans la tombe de Bayard a été déposé ensuite Nicolas de Bourchenu, et leurs ossements, confondus et mêlés avec ceux d'autres corps des Bourchenu et renfermés dans un seul cercueil, ont été replacés dans la même tombe où ont été aussi inhumés, entre autres, Gaspard de Bourchenu et le président de Valbonnais; et, dans le cas où le mélange des ossements de Bayard à ceux des Bourchenu n'aurait point été effectué en 1618, ce qui paraît d'ailleurs assez peu probable, il faudrait toujours conclure que la tombe de Bayard doit au moins contenir, outre le corps du guerrier, ceux de Nicolas de Bourchenu, de Gaspard de Bourchenu son fils, et du président de Valbonnais. Comment expliquer, dès lors, que les ossements sortis, en 1822, d'un cercueil, le seul qui fût dans une tombe, audevant du maître-autel, dans le chœur de l'église des Minimes, puissent être ceux de Bayard, lors même qu'on y aurait trouvé, comme on vient le supposer aujourd'hui, des fragments d'un casque et une poignée d'épée? Cette poignée d'épée et ces fragments d'un casque ne sont au surplus qu'une pure invention, faite à plaisir, pour donner plus d'intérêt à la chose et un air de vraisemblance aux prétendus ossements de Bayard. Le procès-verbal de la recherche des restes du preux che-

---

(1) Niceron, tom. 19, 1732, p. 29.

valier, du 4 juillet 1822, prouve, ainsi qu'on a pu le voir, la fausseté de cette invention : des fragments d'une armure de Bayard, recueillis dans son tombeau, auraient été assurément des objets trop précieux pour que ce procès-verbal n'en fît aucune mention, si on les y avait trouvés.

L'église du couvent des Minimes de la Plaine avait à droite, du côté de l'évangile, deux chapelles qui se suivaient; la première, celle qui touchait au chœur, était la chapelle des Alleman. Les dimensions des deux chapelles et la disposition de l'église détruite en 1827 sont indiquées en ces termes dans la description qu'en fait le procès-verbal d'expert joint à l'adjudication des immeubles du couvent, passée devant le directoire du district de Grenoble, le 31 décembre 1790, en faveur de Jean-François Michel, avocat à Paris, pour le prix de 38,000 livres :

« L'église est au nord du couvent, et n'en est séparée que
» par un mur de refend; son entrée est au couchant; il y a
» un perron à deux marches en pierre de taille; la porte est
» aussi en pierre de taille, cintrée avec des moulures gothi-
» ques..... La nef de l'église a neuf toises de long sur quatre
» toises cinq pieds de large; l'aire est en briques carrées, dis-
» tribuées en trois bandes en longueur et largeur en pierre de
» taille de Sassenage. Le plancher supérieur est un plafond
» à grand berceau, avec corniche et cadre; le tout à mi-usé.
» A côté sont deux chapelles voûtées de douze pieds sur qua-
» torze; les fenêtres qui les éclairent sont grillées en fer, et
» l'aire est en pierre molasse en mauvais état (¹). »

Le monument élevé à la mémoire de Bayard par Scipion de Polloud était dans le chœur de l'église, à gauche, du côté de l'épître, au-dessus de la porte qui conduisait à la sacristie et au cloître; il ne fut point compris dans l'adjudication des immeubles en question. Le cahier des charges joint au procès-verbal de cette adjudication, dressé et signé par le procureur général syndic du département sous la date du 30 du mois d'octobre de l'année 1790, contient cette réserve expresse : *Article 6. Comme les mânes de Bayard appartiennent à la nation qu'il illustra par ses vertus, le mausolée qui les renferme et tout ce qui dépend ne sera point compris dans la vente : l'administration demandera incessamment au Corps législatif et au Roi la permission de transférer ce dépôt, cher à la patrie et au département, dans un endroit*

(¹) Archives de l'Isère ; *Ventes de biens d'églises*, vol. 1ᵉʳ, nᵒ 1ᵉʳ.

public, pour y être conservé jusqu'à ce que des circonstances plus heureuses permettent d'élever à ce grand homme un monument que le public désire depuis longtemps. Le comparant a signé : Gautier (¹).

Le procureur général syndic du département, qui proposa cette réserve pour le monument de Bayard, était Louis Gautier, notaire à Grenoble, auteur d'un éloge historique de ce chevalier, couronné par la société littéraire de cette ville, dans le mois de février de l'année précédente. On doit savoir gré à cet administrateur d'avoir demandé au directoire du département et d'en avoir obtenu la conservation du mausolée d'un illustre guerrier dont lui-même récemment avait rehaussé les vertus et le courage.

Le monument de Bayard n'avait pas reçu encore une nouvelle destination, trois ans après la vente de l'église, des bâtiments et du domaine des Minimes de la Plaine. En 1793, la main impie qui, à Grenoble, détruisit le magnifique mausolée de la connétable, dans l'église des religieux de Sainte-Claire, où étaient, avec le cœur de Lesdiguières, les restes d'une de ses filles et de Marie Vignon, se porta également à la Plaine, sur le marbre érigé en l'honneur du guerrier dauphinois. Le journal de Grenoble, à la date du 14 brumaire an VII, rapporte que, sous le régime *sanguinocrate*, des vandales ont osé *mutiler la statue et profaner les cendres* de Bayard (²). Je ne pense pas que l'auteur de l'article inséré dans ce journal ait voulu dire par ces mots que l'on a dispersé les cendres du chevalier. Si cela était, on aurait, en 1793 comme en 1822, cherché à retrouver ses restes, mais dans un but bien différent, et, dans ce cas, l'affirmation relatée dans le procès-verbal du 4 juillet de cette dernière année, constatant qu'on s'est assuré, *par des fouilles générales, que le sol n'avait éprouvé aucun changement depuis l'époque de l'aliénation*, ne serait qu'une erreur de plus. On peut en dire autant de cette autre assertion de ce même procès-verbal qu'on s'est également assuré, par des fouilles, *que les autres parties de l'église ne renfermaient aucun corps.*

On voit que l'induction la plus forte et la preuve la plus sûre que l'auteur du procès-verbal de la recherche des restes de Bayard, en 1822, prétendait tirer en leur faveur et pour établir toute leur authenticité, se réduisaient à ce qu'il n'aurait

---

(¹) Archives de l'Isère; *Ventes de biens d'églises*, vol. 1ᵉʳ, n° 1ᵉʳ.
(²) Journal de Grenoble, du quartidi 14 brumaire an 7, n° 115.

existé dans l'église auçune trace d'ossements autres que ceux
que l'on sortit alors d'un caveau au pied du maître-autel.
Nouvelle erreur. Que seraient devenus les corps de Laurent Ier
Alleman, des Bourchenu et de Valbonnais, dont il est parlé
plus haut, et d'où proviendraient donc les cinq ou six corps trouvés, il y a quelques années, par le père du propriétaire actuel
des bâtiments de la Plaine, lorsque, pour les besoins de son in-
dustrie, il fit ouvrir un canal dans la seule traversée de l'empla-
cement de l'église, et les nombreux ossements que le signataire
de la lettre du 25 septembre 1866 affirme avoir vus pêle-mêle
dans un caveau de famille, à côté de celui d'où l'on a tiré les
prétendus restes du chevalier? Que de contradictions mani-
festes! Les ossements de Bayard, soit qu'ils aient été confondus avec ceux des Bourchenu, soit qu'ils occupent encore un
cercueil particulier, sont toujours dans le sol de l'ancienne chapelle des Alleman, à la Plaine ([1]).

Le journal de Grenoble, du 14 brumaire an VII, à l'article
précité, demandait que le monument de Bayard, qui était à la
Plaine, fût transporté à la bibliothèque de la ville et confié
aux soins du citoyen Ducros, bibliothécaire, l'ami le mieux
passionné des beaux-arts et qui avait conservé intacts plusieurs tableaux de grands maîtres, entre autres celui qu'on
admirait autrefois au-dessus du maître-autel des dominicains.
Ce monument a été tranféré deux ans après au musée créé à
l'évêché. Un état des travaux exécutés pour ce musée en l'an
IX, par le sculpteur Argoud, contient cette indication : *Idem,
pour avoir fait le nez et posé le mausolée de Bayard,
montant 18 francs.* Ce même marbre a été plus tard transporté du musée dans l'église de Saint-André où il est toujours,
dans une espèce de niche ou petite chapelle nommée ancien-

([1]) Il était d'usage que les familles riches, bienfaitrices des commu-
nautés religieuses ou qui choisissaient dans leurs églises leur sépulture, y fissent placer leurs armoiries; Guy-Allard apprend que de
son temps, en 1684, on voyait sur les vitres des Minimes de la
Plaine les armes de plus de vingt familles, telles que de Villeroy, de
Portes, de Putod, d'Alleman, de Sautereau, de Faure, de Morges, de
Fassion écartelées à celles d'Expilly, de Margaillan écartelées à
celles de Rabot et de Grinde, de Bérenger, de la Maladière, de Ferrus,
de Fléard écartelées à celles de Bon d'Entremont, d'Armuet, de Bourchenu écartelées à celles de Poisieu, de Grolée, de Frère, de Coste,
de Murinais, de Béatrix-Robert, de Blanc de Mions, etc. Qu'on juge
du nombre de familles qui ont dû avoir de leurs membres enterrés
dans l'église des Minimes de la Plaine, et qu'on vienne dire ensuite
que le corps de Bayard était le seul qui y fût déposé !

nement la chapelle des morts. C'est là aussi, au-devant de ce
mausolée, qu'a été ouvert en 1822 un caveau où l'on a déposé
les ossements apportés, à cette époque, de l'ancienne église
de la Plaine.

Une dernière conclusion de tout ce qu'on vient de dire,
c'est que ces ossements exhumés en 1822 ne sont point les
vrais ossements de Bayard, et que ses restes sont toujours, avec
ceux de Laurent Alleman, des Bourchenu et de Valbonnais,
enfouis dans le sol où s'élevait la chapelle des Alleman, dans
l'ancienne église des Minimes de la Plaine, aujourd'hui démo-
lie. Il serait facile d'emplacer le lieu précis de cette chapelle.
L'église elle-même occupait l'espèce de cour adjacente au
cloître qui est encore debout et près duquel est la sacristie
qui touchait au chœur de l'église.

9 782011 769879